REFLEXIONES DEL
EVANGELIO
PARA ADVIENTO

OBISPO ROBERT BARRON

CON PREGUNTAS DE REFLEXIÓN
DE PEGGY PANDALEON

WORD ON FIRE CATHOLIC MINISTRIES
www.WORDONFIRE.org

INTRODUCCIÓN

Amigos,

¡Bienvenidos a nuestro viaje de Adviento en preparación para la Navidad, que está por empezar!

El Adviento es un tiempo litúrgico de vigilancia o, para decirlo de manera más mundana, de espera. Durante las cuatro semanas previas a la Navidad, encendemos las velas de nuestras coronas de Adviento y nos ponemos en el lugar espiritual del pueblo israelita que, a lo largo de muchos siglos, esperaba la venida del Mesías («¿Hasta cuándo, Señor?"»).

Del mismo modo, los discípulos de Jesús resucitado han estado esperando cada uno en su época. Por ello, Pablo, Agustín, Crisóstomo, Inés, Tomás de Aquino, Clara, Francisco y John Henry Newman han sido personas de adviento. De hecho, toda la Biblia termina con una nota que no es tanto de triunfo y finalización sino de anhelo y expectativa: «Ven, Señor Jesús».

Durante este tiempo, unámonos a los grandes hombres y mujeres de nuestra tradición, elevemos nuestros ojos y corazones hacia el cielo y oremos diciendo: «Estoy esperando, estoy esperando. Ven, Señor Jesús».

¡Estaré unido a ustedes en este viaje!

Paz,

+ Robert Barron

Obispo Robert Barron

REFLEXIONES DEL

EVANGELIO

PARA ADVIENTO

LUCAS 21, 25–28. 34–36

*E*n aquel tiempo, Jesús dijo a sus discípulos: «Habrá señales prodigiosas en el sol, en la luna y en las estrellas. En la tierra, las naciones se llenarán de angustia y de miedo por el estruendo de las olas del mar; la gente se morirá de terror y de angustiosa espera por las cosas que vendrán sobre el mundo, pues hasta las estrellas se bambolearán. Entonces verán venir al Hijo del hombre en una nube, con gran poder y majestad.

Cuando estas cosas comiencen a suceder, pongan atención y levanten la cabeza, porque se acerca la hora de su liberación. Estén alerta, para que los vicios, con el libertinaje, la embriaguez y las preocupaciones de esta vida no entorpezcan su mente y aquel día los sorprenda desprevenidos; porque caerá de repente como una trampa sobre todos los habitantes de la tierra.

Velen, pues, y hagan oración continuamente, para que puedan escapar de todo lo que ha de suceder y comparecer seguros ante el Hijo del hombre».

Amigos, en el Evangelio de hoy Jesús les dice a sus discípulos que estén atentos. Hoy es el comienzo del tiempo de Adviento, un gran tiempo litúrgico de vigilancia, espera y vigilia. ¿Qué podemos hacer durante este tiempo de espera? ¿Cuáles son algunas prácticas que nosotros podríamos hacer para adentrarnos en la espiritualidad de Adviento? Recomiendo especialmente la práctica católica de Adoración Eucarística. Pasar media hora o una hora en la presencia del Señor no es para querer lograr ni conseguir algo — no es para «llegar» a ninguna parte— más bien es una forma muy especial de espera espiritual. Cuando estemos ante el Santísimo Sacramento, llevemos a Cristo los problemas o dilemas que nos han estado preocupando, y luego digamos: «Señor, estoy esperando que resuelvas esto, que me muestres la salida, el camino a seguir. He estado yendo y viniendo, planeando, preocupándome, pero ahora me pongo en tus manos». Luego, durante este tiempo de Adviento, estemos atentos a las señales.

Además, cuando recen ante la Eucaristía, permitan que se intensifiquen sus deseos por las cosas de Dios; permitan que su corazón y alma se expandan. Oremos diciendo: «Señor, prepárame para recibir los regalos que me quieres dar», o incluso, «Señor Jesús, sorpréndeme».

REFLEXIONEMOS: ¿De qué manera planeas estar atento este tiempo de Adviento?

_____

_____

_____

_____

_____

_____

MATEO 8, 5–11

*E*n aquel tiempo, al entrar Jesús en Cafarnaúm, se le acercó un oficial romano y le dijo: «Señor, tengo en mi casa un criado que está en cama, paralítico, y sufre mucho». Él le contestó: «Voy a curarlo».

Pero el oficial le replicó: «Señor, yo no soy digno de que entres en mi casa; con que digas una sola palabra, mi criado quedará sano. Porque yo también vivo bajo disciplina y tengo soldados a mis órdenes; cuando le digo a uno: "¡Ve! ", él va; al otro: "¡Ven!", y viene; a mi criado: "¡Haz esto!", y lo hace».

Al oír aquellas palabras, se admiró Jesús y dijo a los que lo seguían: «Yo les aseguro que en ningún israelita he hallado una fe tan grande. Les aseguro que muchos vendrán de oriente y de occidente y se sentarán con Abraham, Isaac y Jacob en el Reino de los cielos».

Amigos, en nuestro Evangelio de hoy un centurión romano se acerca a Jesús y le dice, «Señor, mi sirviente está en casa enfermo de parálisis y sufre terriblemente… No soy digno de que entres en mi casa; basta que digas una palabra y mi sirviente se sanará».

Cualquier observador objetivo diría, «¡Bueno, esto es ridículo! Lo que este hombre está pidiendo es imposible». No solo está pidiendo que su criado sea curado; está pidiendo que sea curado a distancia, simplemente con una palabra. Está al límite de lo que posiblemente podría conocer o controlar o sopesar. Y aun así confía; tiene fe.

Søren Kierkegaard definió la fe como «una pasión por lo imposible». ¿Se opone Dios a la razón? Por supuesto que no; Dios nos dio el regalo de la razón. ¿Quiere Dios que seamos ingenuos? No; él quiere que utilicemos todos nuestros habilidades de imaginación y análisis. Pero la fe va más allá de la razón; es una pasión por aquello que la razón no alcanza a ver.

Aquel centurión tenía una pasión por lo imposible. Y es por eso que Jesús le dice, en uno de los elogios más grandes que encontrarán en el Evangelio: «Yo les aseguro que en ningún israelita he hallado una fe tan grande».

REFLEXIONEMOS: ¿Alguna vez, como el centurión, has ido más allá de la razón y confiado en la fe? Reflexiona por qué o por qué no lo has hecho.

_____

_____

_____

_____

_____

_____

30 DE NOVIEMBRE DE 2021

MARTES DE LA PRIMERA SEMANA DE ADVIENTO

Fiesta de San Andrés

MATEO 4, 18–22

Una vez que Jesús caminaba por la ribera del mar de Galilea, vio a dos hermanos, Simón, llamado después Pedro, y Andrés, los cuales estaban echando las redes al mar, porque eran pescadores. Jesús les dijo: «Síganme y los haré pescadores de hombres». Ellos inmediatamente dejaron las redes y lo siguieron.

Pasando más adelante, vio a otros dos hermanos, Santiago y Juan, hijos de Zebedeo, que estaban con su padre en la barca, remendando las redes, y los llamó también. Ellos, dejando enseguida la barca y a su padre, lo siguieron.

Amigos, en el Evangelio de hoy, Jesús llama a sus primeros discípulos. ¿Qué tiene esta escena que es tan serena y adecuada? De alguna manera va al corazón mismo de la vida y obra de Jesús, revelando de aquello de lo que Jesús se trata. Viene al mundo como la segunda persona de la Santísima Trinidad, representando la comunidad que es Dios —y por lo tanto Su propósito es atraer al mundo hacia Él para que se forme una comunidad a Su alrededor.

Jesús les dice a Simón y a Andrés: «Síganme y los haré pescadores de hombres». Esto nos dice algo sobre cómo actúa Dios. Es directo y sin vueltas; Él elije. «Síganme», dice Jesús. No está ofreciendo una doctrina, una teología o un conjunto de creencias. Se ofrece a Sí mismo. Es como si estuviera diciendo: «Camina conmigo; camina imitándome».

Finalmente, Jesús explica: «los haré pescadores de hombres». Esta es una de las mejores frases de las Escrituras. Noten que en la primera parte de la frase dice: «los haré...». Esto es contrario a la opinión predominante en la cultura hoy día de crearnos a nosotros mismos, de inventar y definir nuestra propia realidad. Jesús hace a un lado esta mentira. De Él aprendemos que es Dios quien actúa, y si nos entregamos a Su poder creador, Él nos convertirá en algo mucho mejor de lo que jamás podríamos nosotros.

REFLEXIONEMOS: ¿Cómo te ha afectado el enfoque de nuestra cultura de la autosuficiencia, del ser creadores del propio éxito, en tu vida y en tu confianza en la providencia de Dios? ¿Permites que Dios actúe primero o más bien solo dejas que «complete» lo que no pudiste lograr tú solo?

1 DE DICIEMBRE DE 2021

MATEO 15,29-37

*E*n aquel tiempo, llegó Jesús a la orilla del mar de Galilea, subió al monte y se sentó. Acudió a él mucha gente, que llevaba consigo tullidos, ciegos, lisiados, sordomudos y muchos otros enfermos. Los tendieron a sus pies y él los curó. La gente se llenó de admiración, al ver que los lisiados estaban curados, que los ciegos veían, que los mudos hablaban y los tullidos caminaban; por lo que glorificaron al Dios de Israel.

Jesús llamó a sus discípulos y les dijo: «Me da lástima esta gente, porque llevan ya tres días conmigo y no tienen qué comer. No quiero despedirlos en ayunas, porque pueden desmayarse en el camino». Los discípulos le preguntaron: «¿Dónde vamos a conseguir, en este lugar despoblado, panes suficientes para saciar a tal muchedumbre?» Jesús les preguntó: «¿Cuántos panes tienen?» Ellos contestaron: «Siete, y unos cuantos pescados».

Después de ordenar a la gente que se sentara en el suelo, Jesús tomó los siete panes y los pescados, y habiendo dado gracias a Dios, los partió y los fue entregando a los discípulos, y los discípulos a la gente. Todos comieron hasta saciarse, y llenaron siete canastos con los pedazos que habían sobrado.

Amigos, en el Evangelio de hoy Jesús multiplica los panes y los peces. No hay una mejor ejemplificación en las Escrituras de lo que yo he llamado el círculo de la gracia. Dios ofrece, como gracia pura, el don del existir, pero si intentamos aferrarnos a ese don y hacerlo nuestro, lo perdemos.

Un mandamiento constante en la Biblia es este: lo que has recibido como un don, entrégalo como regalo, y recuperarás el don original multiplicado y enriquecido. Uno se da cuenta de esta verdad cuando entra voluntariamente en el círculo de la gracia, entregando lo que está recibiendo.

La gente hambrienta que se congrega alrededor de Jesús en esta escena es el símbolo de la raza humana hambrienta, famélica, que desde los tiempos de Adán y Eva, busca algo que la satisfaga. Hemos intentado llenar esa hambre con riqueza, placer, poder, honor, con un deseo de querer dominar —pero nada de esto funciona, precisamente porque todos hemos sido creados para Dios y Dios *es* sólo amor.

REFLEXIONEMOS: ¿Cómo has respondido al mandato bíblico de que lo que recibes como don, lo deberías dar como regalo? ¿En qué aspecto de tu vida te encuentras aferrado a lo que tienes y sin querer donarlo?

_____

_____

_____

_____

MATEO 7,21. 24–27

*E*n aquel tiempo, Jesús dijo a sus discípulos: «No todo el que me diga: "¡Señor, Señor!", entrará en el Reino de los cielos, sino el que cumpla la voluntad de mi Padre, que está en los cielos.

El que escucha estas palabras mías y las pone en práctica, se parece a un hombre prudente, que edificó su casa sobre roca. Vino la lluvia, bajaron las crecientes, se desataron los vientos y dieron contra aquella casa; pero no se cayó, porque estaba construida sobre roca.

El que escucha estas palabras mías y no las pone en práctica, se parece a un hombre imprudente, que edificó su casa sobre arena. Vino la lluvia, bajaron las crecientes, se desataron los vientos, dieron contra aquella casa y la arrasaron completamente».

Amigos, el Evangelio de hoy nos desafía a reaccionar ante la Buena Nueva. ¿Sobre qué precisamente está edificada toda tu vida? Tu corazón o alma son tu centro, el lugar donde eres más auténtica y profundamente tú mismo. Ese es tu punto de contacto con Dios. Allí encontrarás la energía que afianza y conforma todas las otras áreas de tu vida: física, psicológica, emocional, de relación y espiritual. Por lo tanto, es la dimensión más importante y elusiva de tu ser.

Si tu corazón y tu alma estan enraizados en Dios, entonces estarás siguiendo las intenciones y mandatos de Dios, y puedes soportar cualquier cosa. Pero esto no quiere decir que si seguimos los mandatos de Dios, las tormentas y vientos no vendrán.

En la parábola de Jesús, ambos constructores —el que sigue los mandatos de Dios y el que no— experimentan la lluvia y las inundaciones que simbolizan todas las pruebas y tentaciones y dificultades en el exterior de tu vida. Si en el mismo centro de tu vida estás vinculado a Dios, las tormentas y borrascas vendrán, pero no te destruirán.

REFLEXIONEMOS: ¿Sobre qué precisamente está edificada toda tu vida?

_____

_____

_____

_____

_____

_____

_____

_____

_____

_____

MATEO 9, 27–31

*C*uando Jesús salía de Cafarnaúm, lo siguieron dos ciegos, que gritaban: «¡Hijo de David, compadécete de nosotros!» Al entrar Jesús en la casa, se le acercaron los ciegos y Jesús les preguntó: «¿Creen que puedo hacerlo?» Ellos le contestaron: «Sí, Señor». Entonces les tocó los ojos, diciendo: «Que se haga en ustedes conforme a su fe». Y se les abrieron los ojos. Jesús les advirtió severamente: «Que nadie lo sepa». Pero ellos, al salir, divulgaron su fama por toda la región.

Amigos, en nuestro Evangelio de hoy dos hombres ciegos le ruegan a Jesús que los cure.

La ceguera en la Biblia es a menudo un símbolo de la ceguera espiritual: la incapacidad de ver lo que realmente importa. Centrados en los bienes mundanos de riqueza, placer, poder y honor la mayoría de la gente no ve cuán ciegos están de las cosas verdaderamente importantes: entregarse a la gracia de Dios y vivir una vida de amor. Si no te has rendido a la gracia de Dios, estás ciego. Qué maravilloso es, entonces, que estos hombres del Evangelio puedan clamar a Jesús en sus necesidades.

Están, por supuesto, haciendo una petición por una curación física, pero es mucho más que eso para nosotros. Es pedir por aquella cosa que en verdad importa: la visión espiritual —entender de qué se trata mi vida, poder ver mi vida desde un punto de vista más amplio, comprender hacia dónde me dirijo. Puedes tener toda la riqueza, el placer, el honor y el poder que quieras. Puedes tener todos los bienes mundanos que puedas desear. Pero si no puedes ver espiritualmente, no te harán ningún bien; probablemente te destruyan.

REFLEXIONEMOS: Cuando rezas, *¿crees realmente*, como lo hicieron los hombres ciegos, que Dios responderá tu oración?

MATEO 9, 35–10, 1. 5A. 6–8

*E*n aquel tiempo, Jesús recorría todas las ciudades y los pueblos, enseñando en las sinagogas, predicando el Evangelio del Reino y curando toda enfermedad y dolencia. Al ver a las multitudes, se compadecía de ellas, porque estaban extenuadas y desamparadas, como ovejas sin pastor. Entonces dijo a sus discípulos: «La cosecha es mucha y los trabajadores, pocos. Rueguen, por lo tanto, al dueño de la mies que envíe trabajadores a sus campos».

Después, llamando a sus doce discípulos, les dio poder para expulsar a los espíritus impuros y curar toda clase de enfermedades y dolencias. Les dijo: «Vayan en busca de las ovejas perdidas de la casa de Israel. Vayan y proclamen por el camino que ya se acerca el Reino de los cielos. Curen a los leprosos y demás enfermos; resuciten a los muertos y echen fuera a los demonios. Gratuitamente han recibido este poder; ejérzanlo, pues, gratuitamente».

Amigos, hoy Jesús nos enseña a rezar por trabajadores para la cosecha, por discípulos que realicen la obra de la evangelización. Necesitamos organizar nuestras vidas en torno a la evangelización.

Todo lo que hacemos debería estar relacionado de algún modo a ello. Esto no quiere decir que todos debamos convertirnos en evangelizadores profesionales. Recuerden, pueden evangelizar con la calidad moral de sus vidas. Pero sí significa que nada en nuestras vidas debería ser más importante que anunciar la victoria de Jesús.

Deberíamos de pensar en los demás no como objetos para ser utilizados, o como personas molestas que obstaculizan mis proyectos, sino como aquellos a los que he sido llamado a servir. En vez de decir, «¿Por qué esta persona molesta está en mi camino?», deberíamos preguntar, «¿Qué oportunidad para evangelizar se me ha ofrecido?». ¿Ha puesto Dios a esta persona en tu vida precisamente para ese propósito?

REFLEXIONEMOS: ¿De qué maneras «anuncias la victoria de Jesús», especialmente a las personas que son molestas en tu vida?

_____

_____

_____

_____

_____

_____

_____

_____

_____

LUCAS 3, 1–6

*E*n el año décimo quinto del reinado del César Tiberio, siendo Poncio Pilato procurador de Judea; Herodes, tetrarca de Galilea; su hermano Filipo, tetrarca de las regiones de Iturea y Traconítide; y Lisanias, tetrarca de Abilene; bajo el pontificado de los sumos sacerdotes Anás y Caifás, vino la palabra de Dios en el desierto sobre Juan, hijo de Zacarías.

Entonces comenzó a recorrer toda la comarca del Jordán, predicando un bautismo de penitencia para el perdón de los pecados, como está escrito en el libro de las predicciones del profeta Isaías:

Ha resonado una voz en el desierto:
Preparen el camino del Señor,
hagan rectos sus senderos.
Todo valle será rellenado,
toda montaña y colina, rebajada;
lo tortuoso se hará derecho,
los caminos ásperos serán allanados
y todos los hombres verán la salvación de Dios.

Amigos, en el Evangelio de hoy, San Lucas cita al profeta Isaías:

«Preparen el camino del Señor,
hagan rectos sus senderos» (Is 64, 7).

El Adviento es el gran tiempo litúrgico de espera –que no es una espera pasiva. Anhelamos y buscamos al Dios que vendrá a nosotros en carne humana. En resumen, preparamos el camino del Señor Jesucristo.

Esta preparación tiene una dimensión penitencial, porque es el tiempo en que nos preparamos para la venida de un Salvador, y no necesitamos a un Salvador a menos que estemos convencidos profundamente de que hay algo de lo que debemos ser salvados. Cuando nos volvemos conscientes de nuestro pecado, sabemos que no podemos aferrarnos a nada en nosotros mismos, que todo está, hasta cierto punto, contaminado e impuro. No podemos mostrar a Dios nuestros logros culturales, profesionales y personales como si fueran suficientes para salvarnos. Pero en el preciso momento en que nos damos cuenta de ello, nos acercamos al espíritu del adviento, ansiando desesperadamente un Salvador.

En el libro de Isaías (Is 64, 7), leemos:

«Sin embargo, Señor, tú eres nuestro padre;
nosotros somos el barro y tú el alfarero;
todos somos hechura de tus manos».

Preparémonos hoy para la venida del alfarero.

REFLEXIONEMOS: ¿Estás espiritualmente pasivo o activo este Adviento mientras esperas la llegada de Jesús? ¿Cómo puedes estar más activo espiritualmente en medio de las ocupaciones de este tiempo?

LUCAS 5, 17–26

*U*n día Jesús estaba enseñando y estaban también sentados ahí algunos fariseos y doctores de la ley, venidos de todas las aldeas de Galilea, de Judea y de Jerusalén. El poder del Señor estaba con él para que hiciera curaciones.

Llegaron unos hombres que traían en una camilla a un paralítico y trataban de entrar, para colocarlo delante de él; pero como no encontraban por dónde meterlo a causa de la muchedumbre, subieron al techo y por entre las tejas lo descolgaron en la camilla y se lo pusieron delante a Jesús. Cuando él vio la fe de aquellos hombres, dijo al paralítico: «Amigo mío, se te perdonan tus pecados».

Entonces los escribas y fariseos comenzaron a pensar: «¿Quién es este individuo que así blasfema? ¿Quién, sino sólo Dios, puede perdonar los pecados?» Jesús, conociendo sus pensamientos, les replicó: «¿Qué están pensando? ¿Qué es más fácil decir: "Se te perdonan tus pecados" o "Levántate y anda"? Pues para que vean que el Hijo del hombre tiene poder en la tierra para perdonar los pecados –dijo entonces al paralítico–: Yo te lo mando: levántate, toma tu camilla y vete a tu casa».

El paralítico se levantó inmediatamente, en presencia de todos, tomó la camilla donde había estado tendido y se fue a su casa glorificando a Dios. Todos quedaron atónitos y daban gloria a Dios, y llenos de temor, decían: «Hoy hemos visto maravillas».

Amigos, nuestro Evangelio de hoy cuenta una maravillosa historia de la curación de un paralítico. La gente se reúne por docenas para escuchar a Jesús, apiñándose alrededor de la puerta de la casa. Le traen un paralítico, y como no hay forma de hacerlo entrar por la puerta, lo suben al techo y abren un hueco para bajarlo. ¿Puedo sugerir una conexión entre esta maravillosa narrativa y nuestra situación actual de evangelización? Hay una gran cantidad de católicos que están paralizados, incapaces de moverse, congelados respecto a Cristo y la Iglesia. Esto puede deberse a dudas, al miedo, a la ira, a viejos resentimientos, a la ignorancia o al autorreproche. Algunas de estas razones pueden ser buenas y otras malas. Su trabajo, como creyentes, es llevar a Cristo a otros. ¿Cómo? Con una palabra de aliento, proponiendo un reto, una explicación, una palabra de perdón, una nota, una llamada telefónica. Vemos en esta historia la maravillosa urgencia de las personas que llevan al enfermo frente a Jesús. ¿Sentimos hoy la misma urgencia dentro de Su Cuerpo Místico?

REFLEXIONEMOS: Piensa en algún conocido Cristiano que está «paralítico» en lo referente a Cristo y a su Iglesia. Comprométete esta misma semana a hacer algo para que se acerque un paso más a Dios.

7 DE DICIEMBRE DE 2021

MATEO 18, 12-14

*E*n aquel tiempo, Jesús dijo a sus discípulos: «¿Qué les parece? Si un hombre tiene cien ovejas y se le pierde una, ¿acaso no deja las noventa y nueve en los montes, y se va a buscar a la que se le perdió? Y si llega a encontrarla, les aseguro que se alegrará más por ella que por las noventa y nueve que no se le perdieron. De igual modo, el Padre celestial no quiere que se pierda uno solo de estos pequeños».

Amigos, Jesús pregunta en el Evangelio de hoy: «¿Qué les parece? Si un hombre tiene cien ovejas y se le pierde una, ¿acaso no deja las noventa y nueve en los montes, y se va a buscar a la que se le perdió?». Pues, ¡por supuesto que no! Ningún pastor que se respete pensaría hacer algo así jamás. Si fueras un pastor, achicarías tus pérdidas. Esa oveja probablemente esté muerta de todas formas si deambuló lo suficientemente lejos.

Pero debemos comprender que Dios es como un pastor loco. El amor de Dios se lanza sin pensarlo dos veces para buscar a la oveja perdida. Podríamos pensar que Dios es bueno con aquellos que son buenos, y amable con aquellos que siguen sus mandamientos. Mientras que aquellos que no lo siguen, los que deambulan lejos, están sencillamente perdidos. Dios podría darles unos pocos minutos, pero después los dejaría solos.

Pero no; más bien Dios es como un pastor fuera de lo común. Dios ama irracionalmente, arriesgando todo con entusiasmo por encontrar al único que ha deambulado lejos. Qué buena noticia: Dios no ama de acuerdo a nuestros términos de justicia, sino que nos ama sin límites.

REFLEXIONEMOS: ¿De qué modo te has beneficiado del desmesurado amor de Dios?

_____

_____

_____

_____

_____

_____

_____

_____

_____

_____

_____

_____

_____

8 DE DICIEMBRE DE 2021

MARTES DE LA SEGUNDA SEMANA DE ADVIENTO

Solemnidad de la Inmaculada Concepción de la Santísima Virgen María

LUCAS 1, 26–38

*E*n aquel tiempo, el ángel Gabriel fue enviado por Dios a una ciudad de Galilea, llamada Nazaret, a una virgen desposada con un varón de la estirpe de David, llamado José. La virgen se llamaba María.

Entró el ángel a donde ella estaba y le dijo: «Alégrate, llena de gracia, el Señor está contigo». Al oír estas palabras, ella se preocupó mucho y se preguntaba qué querría decir semejante saludo.

El ángel le dijo: «No temas, María, porque has hallado gracia ante Dios. Vas a concebir y a dar a luz un hijo y le pondrás por nombre Jesús. Él será grande y será llamado Hijo del Altísimo; el Señor Dios le dará el trono de David, su padre, y él reinará sobre la casa de Jacob por los siglos y su reinado no tendrá fin».

María le dijo entonces al ángel: «¿Cómo podrá ser esto, puesto que yo permanezco virgen?» El ángel le contestó: «El Espíritu Santo descenderá sobre ti y el poder del Altísimo te cubrirá con su sombra. Por eso, el Santo, que va a nacer de ti, será llamado Hijo de Dios. Ahí tienes a tu parienta Isabel, que a pesar de su vejez, ha concebido un hijo y ya va en el sexto mes la que llamaban estéril, porque no hay nada imposible para Dios». María contestó: «Yo soy la esclava del Señor; cúmplase en mí lo que me has dicho». Y el ángel se retiró de su presencia.

Amigos, el Evangelio de hoy muestra cómo María se convierte en madre de todos los miembros del Cuerpo de Cristo.

Desde la Cruz, Jesús pronunció estas palabras a San Juan: «Ahí está tu madre». Le estaba regalando a María no solo a Juan, sino que a través de Juan a toda la Iglesia. María sería la madre de todos los amados discípulos de Jesús a lo largo de todos los siglos.

Entonces recordamos que, en la Anunciación, el Ángel anunció a la virgen de Nazaret: «El Espíritu Santo descenderá sobre ti y el poder del Altísimo te cubrirá con su sombra. Por eso, el Santo, que va a nacer de ti, será llamado Hijo de Dios». Las dos personas requeridas para la Encarnación fueron, en otras palabras, el Espíritu Santo y la Santísima Madre.

Ahora podemos establecer la conexión: al convertirse en la madre de Cristo, María, por extensión, se convertiría en madre de todos aquellos miembros del Cuerpo Místico de Cristo a lo largo del espacio y del tiempo. Del mismo modo en que el Espíritu Santo y la Santísima Madre fueron necesarios para dar lugar a la Encarnación en la historia, esos mismos dos agentes son necesarios para dar lugar al nacimiento de Cristo en nuestras almas.

REFLEXIONEMOS: ¿Estás en armonía con la obra del Espíritu Santo y la Santísima Virgen María en tu relación con Cristo? Reflexiona sobre su sutil pero poderosa influencia en el Cuerpo Místico de Cristo.

_____

_____

_____

_____

_____

_____

_____

_____

_____

_____

_____

_____

_____

_____

_____

_____

MATEO 11, 11–15

*E*n aquel tiempo, Jesús dijo a la gente: «Yo les aseguro que no ha surgido entre los hijos de una mujer ninguno más grande que Juan el Bautista. Sin embargo, el más pequeño en el Reino de los cielos, es todavía más grande que él.

Desde los días de Juan el Bautista hasta ahora, el Reino de los cielos exige esfuerzo, y los esforzados lo conquistarán. Porque todos los profetas y la ley profetizaron, hasta Juan; y si quieren creerlo, él es Elías, el que habría de venir. El que tenga oídos que oiga».

Amigos, en el Evangelio de hoy, Jesús dice a la multitud: «Desde los días de Juan el Bautista hasta ahora, el Reino de los cielos exige esfuerzo, y los esforzados lo conquistarán». El título de la irresistible y poderosa segunda y última novela de Flannery O'Connor, *Los violentos lo arrebatan* (The Violent Bear It Away), está tomado de la traducción de la version de la biblia Douay-Rheims.

Este pasaje famoso y ambiguo ha dado lugar a una variedad de interpretaciones a lo largo de los siglos. Muchos lo han interpretado en el sentido de que el Reino de Dios es atacado por personas violentas (como los que mataron a Juan el Bautista), y que amenazan quitárselo. Pero otros lo han interpretado en sentido contrario, como una palabra de alabanza a los espiritualmente violentos que logran entrar en el Reino. La propia Flannery O'Connor se pone del lado de este último grupo.

Los «violentos», en esta lectura, son aquellos individuos espiritualmente heroicos que resisten los impulsos y tendencias de nuestra naturaleza caída y buscan disciplinarla de diversas maneras para entrar al Reino de Dios.

REFLEXIONEMOS: Flannery O'Connor propone que la violencia de la que Jesús habla en este pasaje es positiva. Reflexiona cómo luciría en tu propia vida el convertirte en «espiritualmente heroico».

_____

_____

_____

_____

_____

_____

_____

_____

_____

_____

MATEO 11, 16-19

*E*n En aquel tiempo, Jesús dijo: «¿Con qué podré comparar a esta gente? Es semejante a los niños que se sientan en las plazas y se vuelven a sus compañeros para gritarles: "Tocamos la flauta y no han bailado; cantamos canciones tristes y no han llorado".

Porque vino Juan, que ni comía ni bebía, y dijeron: "Tiene un demonio". Viene el Hijo del hombre, y dicen: "Ése es un glotón y un borracho, amigo de publicanos y gente de mal vivir". Pero la sabiduría de Dios se justifica a sí misma por sus obras».

Amigos, en el Evangelio de hoy Jesús nos dice «Viene el Hijo del hombre, y dicen: "Ése es un glotón y un borracho, amigo de publicanos y gente de mal vivir"».

La Pascua Judía fue muy importante en la historia de la salvación. Dios ordena a su pueblo que hagan una comida para recordar su liberación de la esclavitud. Esta cena proporciona el contexto para la más profunda reflexión teológica de la comunidad Israelita. Reflexionar en ambas cosas, la amargura de su esclavitud y la dulzura de su liberación son representadas en esta comida sagrada.

La vida y ministerio de Jesús pueden ser interpretados a la luz de este símbolo. Desde el mismo comienzo, fue puesto en un pesebre, para que pudiera ser alimento para un mundo hambriento. La mayor parte de la participación pública de Jesús estuvo centrada en comidas sagradas, donde todos eran invitados: ricos y pobres, santos y pecadores, los enfermos y los marginados. La multitud pensaba que Juan el Bautista era un extraño asceta, pero después llamaron a Jesús un glotón y bebedor. Jesús encarna el deseo de Yahweh de compartir una comida amena con su pueblo.

Y por supuesto, la vida y enseñanza de Jesús llega a una especie de culmen en la comida que llamamos la Última Cena. La Eucaristía es lo que hacemos entre la muerte del Señor y su venida gloriosa. Esta es la comida que anticipa desde hoy la perfecta comida de amistad con Dios.

REFLEXIONEMOS: Este pasaje habla sobre las acusaciones continuas y contradictorias de la multitud. ¿De qué manera la afirmación final de Jesús sobre que «la sabiduría de Dios se justifica a sí misma por sus obras» quita el poder de *cualquier* acusación?

11 DE DICIEMBRE DE 2021

SÁBADO DE LA SEGUNDA SEMANA DE ADVIENTO

MATEO 17:9a, 10-13

*E*n aquel tiempo, los discípulos le preguntaron a Jesús: «¿Por qué dicen los escribas que primero tiene que venir Elías?»

Él les respondió: «Ciertamente Elías ha de venir y lo pondrá todo en orden. Es más, yo les aseguro a ustedes que Elías ha venido ya, pero no lo reconocieron e hicieron con él cuanto les vino en gana. Del mismo modo, el Hijo del hombre va a padecer a manos de ellos».

Entonces entendieron los discípulos que les hablaba de Juan el Bautista.

Amigos, el pasaje del Evangelio de hoy identifica la aparición de Juan el Bautista con el esperado regreso del profeta Elías. Juan, el heraldo de Cristo, aparece en el desierto. Aquí él nos representa a todos nosotros en el desierto del pecado, un lugar sin vida. Es como si Juan hubiera ido allí a propósito para recordarnos nuestra necesidad de obtener la gracia.

¿Qué está proclamando? Un bautismo de arrepentimiento. Este es el gran mensaje. Entregar nuestras vidas a un poder superior. La gente viene a él de todos lados, porque en el fondo de nuestros corazones este mensaje resuena.

Muy a menudo en el Antiguo Testamento se les pedía a los profetas demostrar alguna actitud de la gente, tal vez algo que ellos no podían o no querían ver. Bueno, esta tradición continúa aquí: Juan manifiesta a la gente su incapacidad y necesidad ante el Señor. Pero luego, como Isaías, se niega a detenerse allí. Anuncia que viene alguien, que bautizará con el Espíritu Santo.

REFLEXIONEMOS: ¿Qué significa para ti entregar tu vida a un «poder superior»? ¿Lo has hecho por completo? ¿Hay algo que te estés guardando?

_____

_____

_____

_____

_____

_____

_____

_____

_____

_____

_____

_____

LUCAS 3, 10–18

*E*n aquel tiempo, la gente le preguntaba a Juan el Bautista: «¿Qué debemos hacer?» Él contestó: «Quien tenga dos túnicas, que dé una al que no tiene ninguna, y quien tenga comida, que haga lo mismo».

También acudían a él los publicanos para que los bautizara, y le preguntaban: «Maestro, ¿qué tenemos que hacer nosotros?» Él les decía: «No cobren más de lo establecido». Unos soldados le preguntaron: «Y nosotros, ¿qué tenemos que hacer?» Él les dijo: «No extorsionen a nadie, ni denuncien a nadie falsamente, sino conténtense con su salario».

Como el pueblo estaba en expectación y todos pensaban que quizá Juan era el Mesías, Juan los sacó de dudas, diciéndoles: «Es cierto que yo bautizo con agua, pero ya viene otro más poderoso que yo, a quien no merezco desatarle las correas de sus sandalias. Él los bautizará con el Espíritu Santo y con fuego. Él tiene el bieldo en la mano para separar el trigo de la paja; guardará el trigo en su granero y quemará la paja en un fuego que no se extingue».

Con éstas y otras muchas exhortaciones anunciaba al pueblo la buena nueva.

Amigos, como aquellas personas de la época de Juan el Bautista nos preguntamos: «¿Qué debemos hacer?» ¿Cómo debemos vivir nuestras vidas?

Esta pregunta, por supuesto, nos dice algo sobre el arrepentimiento: tiene que ver más con una acción que con simplemente cambiar de opinión. La vida espiritual es, al fin de cuentas, un conjunto de comportamientos.

Entonces, ¿qué nos dice Juan el Bautista que hagamos? Su primera recomendación es esta: «Quien tenga dos túnicas, que dé una al que no tiene ninguna». Esto es tan básico, tan elemental, ¡pero tan ignorado, casi por completo! En la doctrina social de la Iglesia, encontramos recordatorios constantes de que, si bien la propiedad privada es un bien social, el uso de nuestra propiedad privada debe tener siempre una orientación social.

Uno de los primeros padres de la Iglesia, San Basilio Magno, expresó la idea de una manera que recuerda a Juan el Bautista: «El pan de tu alacena es de los hambrientos. El manto de tu armario pertenece al desnudo. Los zapatos que dejas de usar pertenecen a alguien descalzo. El dinero de tu caja fuerte pertenece a los indigentes. Realizas una injusticia con todo hombre a quien podrías ayudar pero no lo haces».

Entonces, ¿qué debemos hacer en este Adviento quienes buscamos arrepentimiento, los que esperamos la venida del Mesías? Sirvamos a la justicia, paguemos a cada uno lo que le corresponde y demos a los necesitados.

REFLEXIONEMOS: ¿Cómo utilizas tu propiedad privada para el bien común?

MATEO 21, 23–27

En aquellos días, mientras Jesús enseñaba en el templo, se le acercaron los sumos sacerdotes y los ancianos del pueblo y le preguntaron: «¿Con qué derecho haces todas estas cosas? ¿Quién te ha dado semejante autoridad?»

Jesús les respondió: «Yo también les voy a hacer una pregunta, y si me la responden, les diré con qué autoridad hago lo que hago: ¿De dónde venía el bautismo de Juan, del cielo o de la tierra?»

Ellos pensaron para sus adentros: «Si decimos que del cielo, él nos va a decir: "Entonces, ¿por qué no le creyeron?" Si decimos que de los hombres, se nos va a echar encima el pueblo, porque todos tienen a Juan por un profeta». Entonces respondieron: «No lo sabemos».

Jesús les replicó: «Pues tampoco yo les digo con qué autoridad hago lo que hago».

Amigos, en el Evangelio de hoy los sumos sacerdotes y ancianos preguntan a Jesús: «¿Con qué derecho haces todas estas cosas? ¿Quién te ha dado semejante autoridad?».

La palabra griega utilizada para «autoridad» es más ilustrativa: exousia. Significa, literalmente, «desde el ser de». Jesús habla con la verdadera exousia de Dios, y por lo tanto, sus palabras llevan a cabo lo que dice. Él dice, «¡Lázaro, sal de allí!» (Jn 11, 43) y el hombre muerto sale de su tumba. Él reprende al viento y dice al mar, «¡Cállate, enmudece!» (Mc 4, 39) y hay calma. Y la noche antes de morir, toma el pan y dice, «Éste es mi cuerpo» (Mt 26, 26; Mc 14, 22; Lc 22, 19). Y lo que dice es.

Amigos, esta es la autoridad de la Iglesia. Si solo somos simplemente los custodios de una perspectiva filosófica interesante entre muchas otras, entonces no tenemos poder. Si confiamos en nuestro propio ingenio argumentativo, entonces fracasaremos. Nuestro poder viene —y esto continúa siendo un gran misterio— solo cuando hablamos con la autoridad de Jesucristo.

REFLEXIONEMOS: ¿Cómo podemos nosotros, meros humanos, «hablar con la autoridad de Jesucristo»?

14 DE DICIEMBRE DE 2021

MARTES DE LA TERCERA SEMANA DE ADVIENTO

Memoria de San Juan de la Cruz

MATEO 21, 28–32

*E*n aquel tiempo, Jesús dijo a los sumos sacerdotes y a los ancianos del pueblo: «¿Qué opinan de esto? Un hombre que tenía dos hijos fue a ver al primero y le ordenó: "Hijo, ve a trabajar hoy en la viña". Él le contestó: "Ya voy, señor", pero no fue. El padre se dirigió al segundo y le dijo lo mismo. Éste le respondió: "No quiero ir", pero se arrepintió y fue. ¿Cuál de los dos hizo la voluntad del padre?» Ellos le respondieron: «El segundo».

Entonces Jesús les dijo: «Yo les aseguro que los publicanos y las prostitutas se les han adelantado en el camino del Reino de Dios. Porque vino a ustedes Juan, predicó el camino de la justicia y no le creyeron; en cambio, los publicanos y las prostitutas sí le creyeron; ustedes, ni siquiera después de haber visto, se han arrepentido ni han creído en él».

Amigos, el Evangelio de hoy nos brinda la parábola de los dos hijos, una historia sobre la obediencia a Dios. Vivir una buena vida moral no es al fin de cuentas una cuestión de autonomía, sino de obedecer los mandamientos.

La obediencia que Jesús desea es un rendirse a Aquel que quiere lo mejor para el que se rinde. Todo el Ser del Hijo es escuchar al mandato del Padre, y, en consecuencia, el ser de la criatura es escuchar el mandato del Hijo.

Por eso, en el Evangelio de Juan, Jesús dice: «Ustedes son mis amigos, si hacen lo que yo les mando. Ya no los llamo siervos. . . . a ustedes los llamo amigos» (Jn 15, 14-15). En el Jardín del Edén se perdió esa amistad con Dios que era simbolizada por la comunión apacible que disfrutaban Adán y Yahweh.

Toda la revelación bíblica que culmina con Jesús podría interpretarse como la historia de un intento de Dios para restaurar la amistad con la raza humana. En el discurso de la Última Cena escuchamos las condiciones para esa restauración: vivir en unión con Dios.

REFLEXIONEMOS: ¿Existe algún límite en esta vida a nuestra oportunidad de arrepentirnos y ser perdonados por Dios? ¿Cómo nos ayuda el arrepentimiento para poder estar en unión con Dios?

15 DE DICIEMBRE DE 2021

MIÉRCOLES DE LA TERCERA SEMANA DE ADVIENTO

LUCAS 7, 19–23

*E*n aquel tiempo, Juan envió a dos de sus discípulos a preguntar a Jesús: «¿Eres tú el que ha de venir o tenemos que esperar a otro?» Cuando llegaron a donde estaba Jesús, le dijeron: «Juan el Bautista nos ha mandado a preguntarte si eres tú el que ha de venir o tenemos que esperar a otro».

En aquel momento, Jesús curó a muchos de varias enfermedades y dolencias y de espíritus malignos, y a muchos ciegos les concedió la vista. Después contestó a los enviados: «Vayan a contarle a Juan lo que han visto y oído: los ciegos ven, los cojos andan, los leprosos quedan limpios, los sordos oyen, los muertos resucitan y a los pobres se les anuncia el Evangelio. Dichoso el que no se escandalice de mí».

Amigos, en el Evangelio de hoy, Juan el Bautista llama a dos de sus discípulos y los envía a preguntar al Señor: «¿Eres tú el que ha de venir o tenemos que esperar a otro?». Cuando esta pregunta se le transmite a Jesús, el Señor no responde teóricamente, sino más bien señalando las cosas que están sucediendo. «Vayan a contarle a Juan lo que han visto y oído: los ciegos ven, los cojos andan, los leprosos quedan limpios, los sordos oyen, los muertos resucitan y a los pobres se les anuncia el Evangelio».

¿Estaba Jesús diciendo todo esto en un sentido literal? ¡Sí! Él hacía milagros y sanaba, y eso era uno de los primeros aspectos que la gente percibía de Jesús. Cuando Dios viene a morar entre nosotros en Cristo, efectúa la obra de reparar una creación rota y herida. No le interesan sólo las almas, también los cuerpos.

Y así escuchamos acerca del hombre ciego de nacimiento, de Bartimeo, del paralítico bajado a través del techo para ver a Jesús, de la mujer con el flujo de sangre, del hombre que es sordo y mudo a quien Jesús dice «¡Effetá!» (¡Ábrete!) (Mc 7, 34). Oímos también acerca de Lázaro, de la hija de Jairo y del hijo de la viuda de Naim.

REFLEXIONEMOS: ¿De qué forma las buenas obras forman una parte fundamental de afirmar que se cree en Jesucristo?

_____

_____

_____

_____

_____

_____

_____

_____

LUCAS 7, 24–30

Cuando se fueron los mensajeros de Juan, Jesús comenzó a hablar de él a la gente, diciendo: «¿Qué salieron a ver en el desierto? ¿Una caña sacudida por el viento? ¿O qué salieron a ver? ¿Un hombre vestido con telas preciosas? Los que visten fastuosamente y viven entre placeres, están en los palacios. Entonces, ¿qué salieron a ver? ¿Un profeta? Sí, y yo les aseguro que es más que profeta. Es aquel de quien está escrito: Yo envío mi mensajero delante de ti para que te prepare el camino. Yo les digo que no hay nadie más grande que Juan entre todos los que han nacido de una mujer. Y con todo, el más pequeño en el Reino de Dios es mayor que él».

Todo el pueblo que lo escuchó, incluso los publicanos, aceptaron el designio de justicia de Dios, haciéndose bautizar por el bautismo de Juan. Pero los fariseos y los escribas no aceptaron ese bautismo y frustraron, en su propio daño, el plan de Dios.

Amigos, en el Evangelio de hoy, una vez más, el personaje ardiente y aterrador de Juan el Bautista irrumpe en la escena como el precursor de Jesús. La frase inicial es importante. Jesús pregunta a la multitud: «¿Qué salieron a ver en el desierto?» El desierto es un lugar de sencillez y pobreza, un lugar donde mueren las ilusiones, donde uno confronta la realidad con honestidad y sin concesiones.

La Biblia emplea con frecuencia al desierto como un lugar donde descubrir verdades sencillas y poderosas. El Adviento es, para nosotros, un tiempo de desierto. Nos vuelve a lo fundamental.

Ahora, ¿qué es lo que dice Juan en el desierto? «Arrepiéntanse, porque ya está cerca el Reino de los cielos» (Mt 3, 2). Esa maravillosa palabra, «arrepiéntanse», implica un cambio de mentalidad y visión. Juan está diciendo a los que escuchan (y a nosotros) que se despierten y estén listos para ver algo. ¿Y qué quiere que veamos? El Reino, el Nuevo Orden, la forma en que Dios hace las cosas. Habrá limpieza, un reordenamiento y una renovación que van a suceder. Y tenemos que estar preparados para ello.

REFLEXIONEMOS: ¿Qué se interpone en el camino de tu visión del reino de Dios? ¿Cómo puedes mejorar tu visión mientras el Adviento va llegando a su fin?

MATEO 1, 1–17

Genealogía de Jesucristo, hijo de David, hijo de Abraham: Abraham engendró a Isaac, Isaac a Jacob, Jacob a Judá y a sus hermanos; Judá engendró de Tamar a Fares y a Zará; Fares a Esrom, Esrom a Aram, Aram a Aminadab, Aminadab a Naasón, Naasón a Salmón, Salmón engendró de Rajab a Booz; Booz engendró de Rut a Obed, Obed a Jesé, y Jesé al rey David.

David engendró de la mujer de Urías a Salomón, Salomón a Roboam, Roboam a Abiá, Abiá a Asaf, Asaf a Josafat, Josafat a Joram, Joram a Ozías, Ozías a Joatam, Joatam a Acaz, Acaz a Ezequías, Ezequías a Manasés, Manasés a Amón, Amón a Josías, Josías engendró a Jeconías y a sus hermanos durante el destierro en Babilonia.

Después del destierro en Babilonia, Jeconías engendró a Salatiel, Salatiel a Zorobabel, Zorobabel a Abiud, Abiud a Eliaquim, Eliaquim a Azor, Azor a Sadoc, Sadoc a Aquim, Aquim a Eliud, Eliud a Eleazar, Eleazar a Matán, Matán a Jacob, y Jacob engendró a José, el esposo de María, de la cual nació Jesús, llamado Cristo.

> De modo que el total de generaciones, desde Abraham
> hasta David, es de catorce; desde David hasta la
> deportación a Babilonia, es de catorce, y desde la
> deportación a Babilonia hasta Cristo, es de catorce.

Amigos, leemos hoy las líneas iniciales del Evangelio de Mateo, las primeras palabras que uno lee en el Nuevo Testamento. Son una lista de la genealogía de Jesús, las cuarenta y dos generaciones que se extienden desde Abraham hasta Cristo. Si la Palabra verdaderamente habitó entre nosotros, entonces Él fue parte de una familia que, como la mayoría, fue bastante disfuncional, una mezcla de lo bueno y lo malo. Y estas son realmente buenas noticias para nosotros.

Permítanme destacar solo dos personajes de la familia de Jesús. Primero Rut, que no era israelita sino una moabita, una extranjera. Algunos de ustedes que leen esto se sienten como forasteros, sin ser «parte del grupo», vistos con sospecha por los demás. Bien, el Mesías descendía de Rut la extranjera y se complació de ser su pariente.

Luego está Rajab, una prostituta que vivió y trabajó en Jericó. ¿Hay gente leyendo esto que se siente como Rajab? ¿Qué piensa que su vida entera ha estado hundida en el pecado? Bien, el Mesías descendía de Rajab la prostituta, y se complació de ser su pariente.

La buena noticia de la Navidad es que Dios mismo se introdujo en la disfuncional y ambigua familia humana.

REFLEXIONEMOS: Piensa sobre las «disfuncionalidades y ambigüedades» de tu propia familia. ¿Dónde has visto a Dios obrar a través de estos problemas? ¿De qué manera el linaje de Jesús te da esperanzas sobre tu propia familia?

MATEO 1, 18-25

Cristo vino al mundo de la siguiente manera: Estando María, su madre, desposada con José, y antes de que vivieran juntos, sucedió que ella, por obra del Espíritu Santo, estaba esperando un hijo. José, su esposo, que era hombre justo, no queriendo ponerla en evidencia, pensó dejarla en secreto.

Mientras pensaba en estas cosas, un ángel del Señor le dijo en sueños: «José, hijo de David, no dudes en recibir en tu casa a María, tu esposa, porque ella ha concebido por obra del Espíritu Santo. Dará a luz un hijo y tú le pondrás el nombre de Jesús, porque él salvará a su pueblo de sus pecados».

Todo esto sucedió para que se cumpliera lo que había dicho el Señor por boca del profeta Isaías: He aquí que la virgen concebirá y dará a luz un hijo, a quien pondrán el nombre de Emmanuel, que quiere decir Dios-con-nosotros.

Cuando José despertó de aquel sueño, hizo lo que le había mandado el ángel del Señor y recibió a su esposa.

Amigos, en el Evangelio de hoy un Ángel le dice a José en un sueño que llame a su hijo Jesús «porque él salvará a su pueblo de sus pecados».

El verdadero Rey ha regresado para recuperar lo que es suyo y liberar a los prisioneros. El Dios anunciado por los profetas y patriarcas —por Abraham, Jeremías, Ezequiel, Amos e Isaías— es un Dios de justicia, y esto significa que se enardece por reestablecer el orden. Dios odia el pecado y la violencia y la injusticia que han vuelto sombrío este mundo hermoso, y así Él viene a ese mundo como un guerrero, listo para luchar. Pero Él llega (y aquí está la hermosa ironía de Navidad) sigilosamente, clandestinamente —de una manera secreta, como inadvertido detrás de las líneas enemigas.

El Rey llega como un niño indefenso, nacido de unos padres insignificantes en un pequeño poblado de un puesto lejano del Imperio Romano. Él conquistará a través del irresistible poder del amor, el mismo poder con el cual él hizo el universo.

REFLEXIONEMOS: ¿De qué maneras puedes «conquistar a través del irresistible poder del amor» en la batalla de tu vida?

19 DE DICIEMBRE DE 2021

CUARTO DOMINGO DE ADVIENTO

LUCAS 1, 39-45

*E*n aquellos días, María se encaminó presurosa a un pueblo de las montañas de Judea y, entrando en la casa de Zacarías, saludó a Isabel. En cuanto ésta oyó el saludo de María, la creatura saltó en su seno.

Entonces Isabel quedó llena del Espíritu Santo y, levantando la voz, exclamó: «¡Bendita tú entre las mujeres y bendito el fruto de tu vientre! ¿Quién soy yo, para que la madre de mi Señor venga a verme? Apenas llegó tu saludo a mis oídos, el niño saltó de gozo en mi seno. Dichosa tú, que has creído, porque se cumplirá cuanto te fue anunciado de parte del Señor».

Amigos, el Evangelio de hoy cuenta la maravillosa historia de la Visitación. En la Anunciación, el ángel le dijo a María que el hijo que concebiría en su seno sería el nuevo David.

Con la magnífica profecía aún resonando en sus oídos, María emprende el viaje para visitar a su prima Isabel, que está casada con Zacarías, un sacerdote del templo.

A ningún judío del primer siglo se le hubiera escapado el hecho de que su casa se encontrara en «las montañas de Judea». Allí es precisamente donde David encontró el Arca, la portadora de la presencia de Dios. A ese mismo país montañoso llega ahora María, la definitiva y última Arca de la Alianza.

Isabel es la primera en proclamar la plenitud del Evangelio: «¿Quién soy yo, para que la madre de mi Señor venga a verme?» —el Señor, que es lo mismo que decir, el Dios de Israel. María trae a Dios al mundo, haciéndolo así, al menos en principio, un templo.

Y luego Isabel anuncia que, al sonido del saludo de María, «el niño saltó de gozo en mi seno». Este es el no nacido Juan el Bautista haciendo su versión de la danza de David delante del Arca de la Alianza, su gran acto de alabanza al Rey.

REFLEXIONEMOS: Sin el Espíritu Santo, este intercambio entre María e Isabel no hubiera sido posible. Reflexiona sobre el poder del Espíritu Santo en tu propia vida y en la Iglesia.

LUCAS 1, 26-38

*E*n aquel tiempo, el ángel Gabriel fue enviado por
Dios a una ciudad de Galilea, llamada Nazaret,
a una virgen desposada con un varón de la estirpe de
David, llamado José. La virgen se llamaba María.

Entró el ángel a donde ella estaba y le dijo: «Alégrate,
llena de gracia, el Señor está contigo». Al oír estas
palabras, ella se preocupó mucho y se preguntaba qué
querría decir semejante saludo.

El ángel le dijo: «No temas, María, porque has hallado
gracia ante Dios. Vas a concebir y a dar a luz un hijo
y le pondrás por nombre Jesús. Él será grande y será
llamado Hijo del Altísimo; el Señor Dios le dará el
trono de David, su padre, y él reinará sobre la casa de
Jacob por los siglos y su reinado no tendrá fin».

María le dijo entonces al ángel: «¿Cómo podrá ser
esto, puesto que yo permanezco virgen?» El ángel le
contestó: «El Espíritu Santo descenderá sobre ti y el
poder del Altísimo te cubrirá con su sombra. Por eso, el
Santo, que va a nacer de ti, será llamado Hijo de Dios.
Ahí tienes a tu parienta Isabel, que a pesar de su vejez,
ha concebido un hijo y ya va en el sexto mes la que

llamaban estéril, porque no hay nada imposible para Dios». María contestó: «Yo soy la esclava del Señor; cúmplase en mí lo que me has dicho». Y el ángel se retiró de su presencia.

Amigos, el Evangelio de hoy declara la importancia del *fiat* (hágase) de María. Cuando María dice «Yo soy la esclava del Señor; cúmplase en mí lo que me has dicho», ella demuestra tanta fe y así enmienda el rechazo de Eva. Y este *fiat* a lo imposible hace posible la Encarnación de Dios. Al aceptar la atracción del encantador Misterio, ella permitió al amor de Dios encarnarse para la transformación del mundo.

En la fe católica, María es elogiada como la Madre de la Iglesia, la matriz de todo discipulado. Esto significa que su fiat es la base y modelo de toda respuesta de un discípulo al deseo de Dios por encarnarse. Meister Eckhart dijo que todos los creyentes se convierten en «madres de Cristo», testigos de la palabra encarnada, en la medida en que consienten a la pasión divina que desea involucrarse concretamente en la creación.

REFLEXIONEMOS: ¿De qué modos has dicho «sí» al misterio de Dios? ¿Cuál ha sido el resultado?

_____

_____

_____

21 DE DICIEMBRE DE 2021

MARTES DE LA CUARTA SEMANA DE ADVIENTO

LUCAS 1, 39–45

*E*n En aquellos días, María se encaminó presurosa a un pueblo de las montañas de Judea y, entrando en la casa de Zacarías, saludó a Isabel. En cuanto ésta oyó el saludo de María, la creatura saltó en su seno.

Entonces Isabel quedó llena del Espíritu Santo y, levantando la voz, exclamó: «¡Bendita tú entre las mujeres y bendito el fruto de tu vientre! ¿Quién soy yo, para que la madre de mi Señor venga a verme? Apenas llegó tu saludo a mis oídos, el niño saltó de gozo en mi seno. Dichosa tú, que has creído, porque se cumplirá cuanto te fue anunciado de parte del Señor».

Amigos, el Evangelio de hoy habla nuevamente de la visita de María a Isabel. Siempre me ha fascinado la «prisa» de María en la historia de la visitación. Al escuchar el mensaje de Gabriel sobre su embarazo y el de su prima, María «se encaminó presurosa a un pueblo de las montañas de Judea» para ver a Isabel.

¿Por qué fue con tanta rapidez y determinación? Porque había encontrado su misión, su papel en el teo-drama. Hoy estamos dominados por el ego-drama con todas sus ramificaciones e implicaciones. El ego-drama es la obra que yo estoy escribiendo, produciendo, dirigiendo y protagonizando. Vemos esto absolutamente en todas partes de nuestra cultura. La libertad de elección es lo que domina: me convierto en la persona que yo decido ser.

El teo-drama es la gran historia contada por Dios, la gran obra dirigida por Dios. Lo que hace la vida emocionante es descubrir tu papel en ella. Esto es precisamente lo que le ha sucedido a María. Ha encontrado su papel —de hecho, un papel culminante— en el teo-drama, y quiere compartir con Isabel, quien también ha descubierto su papel en el mismo drama. Como María, tenemos que encontrar nuestro lugar en la obra de Dios.

REFLEXIONEMOS: ¿De qué modo se relaciona tu lugar en la historia de Dios con tu vocación como persona religiosa, casada o soltera? ¿De qué modo está Dios actuando a través tuyo por medio de tu vocación?

LUCAS 1, 46–56

*E*n aquel tiempo, dijo María:

«Mi alma glorifica al Señor
y mi espíritu se llena de júbilo en Dios, mi salvador,
porque puso sus ojos en la humildad de su esclava.
Desde ahora me llamarán dichosa todas las generaciones,
porque ha hecho en mí grandes cosas el que todo lo puede.
Santo es su nombre,
y su misericordia llega de generación en generación
a los que lo temen.
Ha hecho sentir el poder de su brazo:
dispersó a los de corazón altanero,
destronó a los potentados
y exaltó a los humildes.
A los hambrientos los colmó de bienes
y a los ricos los despidió sin nada.

Acordándose de su misericordia,
vino en ayuda de Israel, su siervo,
como lo había prometido a nuestros padres,
a Abraham y a su descendencia,
para siempre».

> María permaneció con Isabel unos tres meses y luego
> regresó a su casa.

Amigos, en el Evangelio de hoy escuchamos el Magníficat —el gran himno de alabanza de María a Yahweh.

El himno comienza con la sencilla declaración: «Mi alma glorifica al Señor». María anuncia aquí que todo su ser está ordenado a la glorificación de Dios. Su ego no quiere nada para sí misma; sólo quiere ser ocasión para honrar a Dios. Pero como Dios no necesita nada, cualquier glorificación que María le brinda vuelve para su beneficio, de modo que ella se magnifica en el mismo acto de magnificarlo. Al entregarse plenamente a Dios, María se convierte en fuente de vida sobreabundante; de hecho, queda embarazada de Dios.

Este extraño y maravilloso ritmo de magnificar y ser magnificada es clave para comprender todo sobre María, desde su maternidad divina, hasta su Asunción e Inmaculada Concepción, y su misión en la vida de la Iglesia.

REFLEXIONEMOS: El Obispo Barron describe a María de esta manera: «Su ego no quiere nada para sí misma; sólo quiere ser ocasión para honrar a Dios». Reflexiona sobre este modelo fundamental de discipulado.

LUCAS 1, 57–66

*P*or aquellos días, le llegó a Isabel la hora de dar a luz y tuvo un hijo. Cuando sus vecinos y parientes se enteraron de que el Señor le había manifestado tan grande misericordia, se regocijaron con ella.

A los ocho días fueron a circuncidar al niño y le querían poner Zacarías, como su padre; pero la madre se opuso, diciéndoles: «No. Su nombre será Juan». Ellos le decían: «Pero si ninguno de tus parientes se llama así».

Entonces le preguntaron por señas al padre cómo quería que se llamara el niño. Él pidió una tablilla y escribió: «Juan es su nombre». Todos se quedaron extrañados. En ese momento a Zacarías se le soltó la lengua, recobró el habla y empezó a bendecir a Dios.

Un sentimiento de temor se apoderó de los vecinos, y en toda la región montañosa de Judea se comentaba este suceso. Cuantos se enteraban de ello se preguntaban impresionados: «¿Qué va a ser de este niño?» Esto lo decían, porque realmente la mano de Dios estaba con él.

Amigos, el Evangelio de hoy relata el nacimiento y cuando le ponen el nombre a Juan el Bautista. Zacarías el padre de Juan quedó enmudecido después de la visión en el santuario, pero escuchamos que «en ese momento a Zacarías se le soltó la lengua, recobró el habla y empezó a bendecir a Dios». Lo que sigue a este pasaje es el maravilloso Cántico de Zacarías, que coloca a Jesús y a Juan en el contexto de la gran historia de Israel.

Una vez que captamos que Jesús no fue un maestro y sanador común, sino Yahweh presente entre nosotros, podemos comenzar a entender más claramente sus palabras y sus acciones. Si analizamos los textos del Antiguo Testamento —y los primeros Cristianos interpretaron a Jesús una y otra vez a la luz de estos escritos— vemos que se anticipaba que Yahweh haría cuatro grandes cosas: Él reuniría las tribus dispersas de Israel; purificaría el templo de Jerusalén; se encargaría definitivamente de los enemigos de la nación; y finalmente, reinaría como Señor del mundo.

La esperanza escatológica expresada especialmente en los profetas y en los Salmos era que a través de estas acciones, Yahweh purificaría a Israel, y a través del Israel purificado traería salvación a todos. Lo que sorprendió a los primeros seguidores de Jesús es que Él cumplió estas cuatro tareas, pero en el modo más inesperado.

REFLEXIONEMOS: Las primeras palabras que pronunció Zacarías luego de haber estado mudo por más de seis meses fueron de alabanza a Dios. ¿Cuán a menudo alabas a Dios en voz alta en presencia de otras personas?

_____

_____

_____

LUCAS 1, 67–79

*E*n aquel tiempo, Zacarías, padre de Juan, lleno del Espíritu Santo, profetizó diciendo:

«Bendito sea el Señor, Dios de Israel,
porque ha visitado y redimido a su pueblo,
y ha hecho surgir en favor nuestro
un poderoso salvador en la casa de David, su siervo.
Así lo había anunciado desde antiguo,
por boca de sus santos profetas:
que nos salvaría de nuestros enemigos
y de las manos de todos los que nos odian,
para mostrar su misericordia a nuestros padres,
acordándose de su santa alianza.

El Señor juró a nuestro padre Abraham
concedernos que, libres ya de nuestros enemigos,
lo sirvamos sin temor, en santidad y justicia
delante de él, todos los días de nuestra vida.

Y a ti, niño, te llamarán profeta del Altísimo,
porque irás delante del Señor a preparar sus caminos
y a anunciar a su pueblo la salvación,
mediante el perdón de los pecados.

Por la entrañable misericordia de nuestro Dios,
nos visitará el sol que nace de lo alto
para iluminar a los que viven en tinieblas y en sombras
de muerte,
para guiar nuestros pasos por el camino de la paz».

Amigos, en el Evangelio de hoy, el Cántico de Zacarías afirma cómo Jesús cumple las expectativas de salvación del Antiguo Testamento. Me gustaría hoy explicar dos frases de esta gran oración.

El Dios de Israel, reza Zacarías, «ha visitado y redimido a su pueblo». Esto es lo que Dios siempre quiere hacer. Él detesta que nos hayamos esclavizado por el pecado y el miedo y, en consecuencia, quiere liberarnos. El evento central del Antiguo Testamento es la liberación de la esclavitud. Como pecadores, somos esclavos de nuestro orgullo, nuestra envidia, nuestra ira, nuestros apetitos, nuestra codicia, nuestra lujuria —todo lo cual nos envuelve y nos impide ser las personas que queremos ser.

Zacarías continúa: «y ha hecho surgir en favor nuestro un poderoso salvador en la casa de David, su siervo». Dios efectuará nuestra liberación mediante un poderoso Salvador. Esto debe leerse en el contexto de la larga historia de lucha militar de Israel contra sus enemigos. Ha venido un gran guerrero, y es de la casa del mayor soldado de Israel, David. Dios había prometido que pondría a un descendiente de David en el trono de Israel por toda la eternidad, y Zacarías está profetizando que esto sucederá.

REFLEXIONEMOS: ¿Cómo te protege o libera tu fe del temor?

_____

_____

_____

_____

_____

_____

_____

_____

_____

_____

_____

_____

_____

_____

_____

JUAN 1, 1–5. 9–14

En el principio ya existía aquel que es la Palabra,
y aquel que es la Palabra estaba con Dios y era Dios.
Ya en el principio él estaba con Dios.
Todas las cosas vinieron a la existencia por él
y sin él nada empezó de cuanto existe.
Él era la vida, y la vida era la luz de los hombres.
La luz brilla en las tinieblas
y las tinieblas no la recibieron.

Aquel que es la Palabra era la luz verdadera,
que ilumina a todo hombre que viene a este mundo.
En el mundo estaba;
el mundo había sido hecho por él
y, sin embargo, el mundo no lo conoció.

Vino a los suyos y los suyos no lo recibieron;
pero a todos los que lo recibieron
les concedió poder llegar a ser hijos de Dios,
a los que creen en su nombre,
los cuales no nacieron de la sangre,
ni del deseo de la carne, ni por voluntad del hombre,
sino que nacieron de Dios.

Y aquel que es la Palabra se hizo hombre
y habitó entre nosotros.
Hemos visto su gloria,
gloria que le corresponde como a unigénito del Padre,
lleno de gracia y de verdad.

Amigos, nuestro Evangelio de Navidad es el Prólogo del Evangelio de Juan. De algún modo es el Evangelio completo, en efecto la Biblia completa en miniatura.

Vayamos al pasaje central: «Y aquel que es la Palabra se hizo hombre y habitó entre nosotros». La palabra usada aquí en griego para «habitó» es *eskenosen*, que significa literalmente, «puso su carpa entre nosotros». Este significado, tiene la intención de traernos a la mente el tabernáculo del templo.

La Palabra convirtiéndose en carne es Dios que viene a habitar definitivamente en este mundo, anulando los efectos del pecado, convirtiéndolo en lo que siempre estuvo destinado a ser. Noten también lo que vemos cuando Dios pone su carpa entre nosotros: «Hemos visto su gloria, gloria que le corresponde como a unigénito del Padre, lleno de gracia y de verdad».

Entonces Juan nos está diciendo que Jesús es el nuevo Edén, el nuevo templo, la creación restaurada, la materialización del plan de Dios para este mundo. Y nuestro propósito no es simplemente contemplar este hecho con asombro, sino introducirnos en su poder: «De su plenitud hemos recibido todos gracia sobre gracia».

REFLEXIONEMOS: La fe en Jesucristo nos concede el «poder llegar a ser hijos de Dios», y también el participar en el poder de Jesús. ¿Cómo estás utilizando ese poder? ¿Cómo lo utilizarás más efectivamente en el futuro?

_____

_____

_____

_____

_____

_____

_____

_____

_____

_____

_____

_____

_____

_____

CONCLUSIÓN

Amigos,

Me gustaría agradecerles por haberme acompañado en esta jornada durante el tiempo de Adviento. Ahora que hemos terminado, es posible que se pregunten, ¿qué es lo que sigue? ¿Cómo mantengo el impulso espiritual desarrollado durante el Adviento? Me gustaría sugerir algunos consejos prácticos.

Primero, asegúrense de visitar nuestro sitio web, WordOnFire.org con frecuencia. Allí encontrarán muchas cosas útiles, como nuevos artículos, videos, publicaciones de blogs, podcasts y homilías, todo diseñado para ayudar a fortalecer su fe y evangelizar la cultura. ¡Y todo esto es gratis!

Además de los materiales gratuitos, los invito a unirse a nuestro nuevo Instituto Word on Fire. Este es un centro de profunda formación espiritual e intelectual, accesible en línea, donde encontrarán cursos impartidos por mí y otros colegas. Nuestro objetivo es construir un ejército de evangelizadores, personas que han sido transformadas por Cristo y quieren traer su luz al mundo. Para obtener más información y registrarse vayan a https://wordonfire.institute.

Finalmente, la mejor manera de continuar el progreso logrado durante el Adviento es comprometerse con al menos una nueva práctica espiritual. Por ejemplo, leer uno de los Evangelios, un capítulo por día; o comenzar a rezar la Liturgia de las Horas; o pasar algún tiempo ante el Santísimo Sacramento, quizás una vez por semana; o asistir a una Misa adicional cada semana; o rezar el Rosario todos los días, tal vez en el automóvil o mientras se hace ejercicio. Todas estas son formas sencillas y concretas de profundizar nuestra vida espiritual.

Nuevamente, gracias de parte de todos nosotros en Word on Fire, ¡y que Dios los bendiga durante esta Navidad!

Paz,

+ Robert Barron

Obispo Robert Barron